Henning Köhler

Vom Wunder des Kindseins

Henning Köhler

Vom Wunder des Kindseins

Fotos von Eckehard Jonalik

Verlag Freies Geistesleben

Seit gut zehn Jahren bin ich vortragend und lehrend als Anwalt der sogenannten schwierigen oder verhaltensgestörten Kinder unterwegs, seit zwanzig Jahren auf diesem Gebiet beruflich tätig, und man macht sich nicht nur Freunde, wenn man versucht, neue Sichtweisen auf dieses Thema anzubieten.* Ich möchte meinen Ausführungen, bevor ich dann auch über mein Arbeitsfeld einleitend etwas sage, eine These vorausschicken, von der ich hoffe, dass sie sich im Verlaufe meiner Darstellung ein wenig erhellen wird. Es ist eine sehr schlichte These, vielleicht finden viele von Ihnen das selbstverständlich, vielleicht finden es andere fragwürdig. Ich behaupte, dass ein Mensch, der die Welt betritt, ein Mensch, der geboren wird, zunächst so ausgestattet ist, dass er nichts Böses an sich und in sich hat. Wenn es eine Kurzdefinition von «böse» gibt, auf die man sich einigen kann, dann wäre das der Trieb zur Destruktivität. Und zwar destruktiv in dem Sinne, dass ein Mensch, statt seine Fähigkeiten und Kräfte in irgendeiner Weise konstruktiv im mitmenschlichen Leben, im sozialen Miteinander einzusetzen, aus welchen Gründen auch immer in eine Lage kommt, in der er seine Fähigkeiten und Kräfte zum Nachteil anderer einsetzt. Wenn dies geschieht, wenn

* Dem Text liegt ein Vortrag zugrunde, den ich 1998 vor der Montessori-Gesellschaft in Österreich gehalten habe.

Es gibt für Kinder, und zwar für jedes Kind, nichts, worauf es stolzer wäre, als die Dankbarkeit eines anderen Menschen, Dankbarkeit für etwas, was das Kind aus seinem Innersten geschöpft und geschenkt hat.

also ein Mensch im späteren Leben, vielleicht schon als Schulkind oder als Jugendlicher, seine Kräfte und Fähigkeiten zum Nachteil seiner Mitmenschen einsetzt, dann heißt das, dass der betreffende Mensch keine Möglichkeit gefunden hat bis zu diesem Zeitpunkt (oder schon einmal vorhandene Möglichkeiten ihm wieder abhanden gekommen sind), seine Kräfte und Fähigkeiten sinnhaft, und das heißt immer: zuträglich für das menschliche Zusammenleben einzusetzen. Als Indiz für die Wahrheit dieser These kann eine Beobachtungstatsache angeführt werden, die jedem aufmerksamen Pädagogen auffällt. Es gibt für Kinder, und zwar für jedes Kind, nichts, worauf es stolzer wäre, als die Dankbarkeit eines anderen Menschen, Dankbarkeit für etwas, was das Kind aus seinem Innersten geschöpft und geschenkt hat. In keiner anderen Situation kann man so elementar und so überwältigend erleben, wie ein Kind wächst, aber nicht wächst im Sinne einer Selbstgefälligkeit oder im Sinne einer Eitelkeit, sondern wirklich als Persönlichkeit wächst. Die Situation, in der ein Kind die Möglichkeit gefunden hat, etwas aus sich Geschöpftes, etwas aus eigenem Antrieb Geschaffenes, einem anderen als Geschenk darzubringen, und erlebt, wie dieser andere Mensch sich darüber freut, ist unmittelbar persönlichkeitsstärkend. In diesem Augenblick hat man das Gefühl, die Kinder machen manchmal innerhalb von Minuten einen regelrechten Entwicklungssprung. Wenn das Kind echte Dankbarkeit spürt beim anderen, wenn also nicht gleich so eine kritische Stimmung aufkommt, wie es ja oft geschieht – naja das Bild ist ja ganz schön, sagt dann vielleicht der Lehrer, aber die Menschen, die könntest du schon noch ein bisschen genauer malen –, wenn nicht sofort dieses «wenn» und «aber» einsetzt, sondern das Kind erlebt, es wird wirklich die Grundgebärde gewürdigt: Ich hab' mich bemüht, etwas Schönes für dich zu machen, das überreich' ich dir jetzt – dann kann man den Eindruck haben, Kinder machen förmlich einen Entwicklungssprung in diesem Moment. In dieser Stimmung erscheinen sie wie innerlich aufgerichtet. Da sind sie ganz bei sich. Und ich denke, das, was man da spürt, was einem die Kinder da zeigen, das verweist uns auf eine tiefe Wahrheit, der wir von verschiedenen Seiten her heute ein bisschen nachspüren wollen.

Es geht im weitesten Sinne um die Frage, was eigentlich ein sinnhaftes Dasein ist und was pädagogisch notwendig wäre, damit wir Kindern eine Umgebung schaffen, in der sie so aufwachsen können, dass sie ihr Leben mehr und mehr im Zuge ihres Bewusstwerdens für die Welt und für sich selbst als ein sinnvolles Leben erfahren können.

Es wird viel gesprochen von Harmonie. Es wird viel davon gesprochen, ein Kind solle gesund und möglichst konfliktlos aufwachsen. Man hat manchmal (ich sage das, ohne jemandem zu nah treten zu wollen) so einen fadenscheinigen Begriff von Ausgeglichenheit, Gesundheit, seelischer und körperlicher Fitness und allgemeiner Zufriedenheit mit sich und der Welt, die man für ein erstrebenswertes Ziel hält, ohne die Sache einmal kritisch zu betrachten. Betrachtet man die Sache ein bisschen näher, indem man sich z. B. mit den Biografien von Menschen beschäftigt, die erkennbar ein sinnhaftes, reiches Leben geführt haben, nämlich ein vielleicht strapaziöses, aufwühlendes, aber schöpferisches Leben, dann wird man sehr häufig feststellen, dass diese Menschen in ihrer Kindheit und Jugend alles andere als harmonisch und ausgeglichen waren!

Also, die Sinnfrage, und die scheint mir die entscheidende, ist keineswegs beantwortet, wenn wir Maßnahmen ersinnen, pädagogischer oder therapeutischer Art, die den Menschen, wenn ich an dieser Stelle James Hillmann zitieren darf, «mit sich und seinem Weißbrot zufrieden sein lassen». Bevor wir diese Spur weiter verfolgen, möchte ich, wie versprochen, ein paar einleitende Sätze zu dem Arbeitsfeld sagen, aus dem heraus ich spreche.

Ich arbeite in einem Therapeutikum, und wer nicht weiß, was das ist, dem sei es kurz erklärt: Das ist eine ambulante therapeutische Arbeitsstätte, in der Ärzte, Psychologen und Therapeuten der verschiedensten Fachrichtungen unter einem Dach zusammenarbeiten, um Kindern, Jugendlichen und Erwachsenen in allen nur erdenklichen Lebenskrisen und leidhaften Situationen zu helfen. Innerhalb dieses Therapeutikums, das wir vor jetzt genau zwölf Jahren in Süddeutschland gegründet haben, bin ich zusammen mit einer Reihe von Mitarbeitern im Bereich der Kinder- und Jugendtherapie tätig. In allen möglichen Situationen, in denen man noch nicht den Eindruck hat, hier müsse jetzt vor allem ein Arzt mit Medikamenten eingreifen; in denen man noch nicht den Eindruck hat, das Kind müsse vollstationär

«Alle Welt regt sich darüber auf, wie ich bin. Alle Welt überlegt und berät, was unternommen werden müsse, um mich zu ändern!»

irgendwo betreut, aus seinem Lebenszusammenhang herausgerissen, in eine Klinik oder in ein Heim verfrachtet werden, solange das noch nicht der Fall ist, sind wir zuständig. Wir fühlen uns im Übrigen auch zuständig dafür, für die Kinder zu kämpfen, denen eine verfrühte und voreilige Pathologisierung droht. Das ist, nebenbei bemerkt, eine Sache, die mir sehr große Sorgen macht, zunehmend Sorgen macht. Die Unart, dass man Kinder, die sich nicht erwartungsgemäß verhalten oder entwickeln, in Schubladen von bestimmten diagnostischen Begriffen steckt, die eben Krankheitsbegriffe sind, ist weit verbreitet. Man muss diese Zeittendenz beobachten, sehr wachsam beobachten, und ich denke, alle Menschen, die im pädagogisch-therapeutischen Bereich neue Perspektiven suchen, sollten sich hier wehren. Diese Zeittendenz ist erschütternd und besorgniserregend. Stichwort: «Pathologisierung» des besonderen, des nicht der Durchschnittsnorm entsprechenden Kindes! Da immer mehr und mehr Kinder sich nicht der entwicklungspsychologischen Norm entsprechend verhalten – die Gründe dafür sind vielfältig –, werden natürlich auch immer mehr und mehr Kinder pathologisiert, treten also ihren Lebensweg an mit dem Stigma «Persönlichkeitsstörung». Das ist keine Kleinigkeit. Hier zu helfen, in so vielen Fällen wie möglich den Eltern, den Lehrern, den Kindergärtnerinnen und Erzieherinnen, auch den Ärzten, wenn welche im Spiel sind, eine andere Art des Sehens zu eröffnen, das betrachten wir als eine wichtige Aufgabe. Und ich kann Ihnen verraten, es ist eine aufreibende und manchmal auch eine deprimierende Arbeit, die man da zu leisten hat im Hintergrund der eigentlichen heilpädagogischen Bemühungen. Trotzdem muss man es versuchen. Und über diesen neuen Blick, über die Möglichkeit einer neuen Sichtweise auf «deviantes», also abweichendes kindliches Verhalten will ich einiges sagen.

Sie haben durchgehört durch meine Worte, dass ich nicht davon ausgehe, bei einem Kind, das uns Sorgen macht, das uns pädagogisch vor Probleme stellt, müsse unter allen Umständen etwas vorliegen, was in irgendeiner Weise mit einem Erziehungsfehler oder einer Entwicklungsstörung zu tun hat. Ich glaube sogar, dass in viel mehr Fällen, als wir denken, diese voreilige Vermutung, es liege Erziehungsversagen oder eine Entwicklungsstörung vor, sobald sich ein Kind ungewöhnlich benimmt, einen Teufelskreis in Gang setzt; dass in vielen Fällen erst diese Vermutung und alles, was aus ihr folgt, zu den wirklich krankmachenden Prozessen führt. Wir sagen manchmal, das Kind komme dann in eine therapeutisch-pädagogische Mühle. Das Kind wird dann von Hand zu Hand gereicht, von Experte zu Experte. Die Eltern werden immer mehr verschüchtert, immer mehr verbittert. Die Lehrer greifen die Eltern an, weil sie nicht wahrhaben wollen, dass es vielleicht gar nicht an den Eltern liegt. Die Eltern greifen die Lehrer an und sagen trotzig: «Die Schule macht unser Kind kaputt. An uns liegt es nicht!» Jeder greift jeden an. Und beim Kind verdichtet sich das Gefühl: Ich bin überhaupt nichts wert. Alle Welt regt sich darüber auf, wie ich bin. Alle Welt überlegt und berät, was unternommen werden müsse, um mich zu ändern! – Diese Atmosphäre verdichtet sich um ein Kind, wird enger und enger, schnürt das Kind ein. Und wir dürfen nicht glauben, wenn wir das vor einem Kind nicht offen, sondern hinter verschlossenen Türen verhandeln, dass das Kind dann nichts davon bemerken würde. Die Kinder bemerken das sehr wohl. Kinder haben ein unerhörtes Sensorium für das, was die Erwachsenen um sie herum denken, fühlen und miteinander verhandeln. Sie haben ein Wahrnehmungsvermögen für die Feinheiten der Mimik, für die Feinheiten der Gebärdensprache, der Stimmlage, der ganzen Haltung, der ganzen Körpersprache der Menschen um sie herum. Da brauchen sie gar nicht direkt mitzuhören.

Unser Institut heißt Janusz-Korczak-Institut. Janusz Korczak ist sicherlich allen hier Anwesenden bekannt. Er hat gelebt von 1879 bis 1942. Er war Arzt, er war Künstler, nämlich Dichter, und er war Pädagoge. Wir haben unserem Institut den Namen dieses Mannes nicht so sehr deshalb gegeben, weil wir irgendwie Anhänger seiner Erziehungstheorie wären. Er hat eigentlich gar keine Erziehungstheorie entwickelt, sondern es ist eine narrative, erzählende Pädagogik mit einem unerhört liebevollen, aber auch nüchternen Blick auf das Kind. Er war ein Mensch, der mit einer unerhörten Genauigkeit auf Kinder hingeschaut hat. Aber was uns veranlasst hat, ihn als Namenspatron zu wählen, das war in erster Linie die Tatsache, dass er, wie Sie alle wissen, mit frappierender Konsequenz die Liebe zum Kind als sein Lebensthema gewählt und dieses durchgehalten hat, bis zum Tod.

Er ist, obwohl ihm die Nazis damals im Warschauer

Es gibt eine Kindheit, und für jedes einzelne Menschenkind ist das etwas ganz anderes, etwas ganz Besonderes, etwas ganz Einzigartiges und Unverwechselbares.

Ghetto, wo er ein Kinderheim führte, freies Geleit zusagten, bei seinen «Schäfchen» geblieben bis zum bitteren Ende. Als sie die Kinder zusammentrieben auf dem Umschlagplatz, um sie in Waggons zu verfrachten nach Treblinka, da ist er trotz des Angebots, abziehen zu dürfen, mit den Kindern gegangen, und man hat ihn dann nicht mehr wiedergesehen, so dass man mit größter Wahrscheinlichkeit davon ausgehen muss, dass er in Treblinka umgekommen ist.

Es gibt aber noch drei andere Gesichtspunkte, die für Korczak sprechen und die mich und meine Mitarbeiter verehrungsvoll hinschauen lassen zu Janusz.

Das ist erstens der bei ihm zu entdeckende entschieden *individualistische* Ansatz, die entschiedene individualistische Auffassung in seiner Pädagogik. Ich meine damit, dass Korczak nicht müde wurde zu sagen – deswegen hat er auch kein Theoriegebäude aufgestellt –: *Die* Kinder in einer so allgemeinen Form gibt es eigentlich gar nicht! Es gibt eine Kindheit, und für jedes einzelne Menschenkind ist das etwas ganz anderes, etwas ganz Besonderes, etwas ganz Einzigartiges und Unverwechselbares. Und wir verstehen niemals «die Kinder», sondern immer nur das jeweilige Kind das uns anvertraut ist, in dem Augenblick, wo wir es anschauen. Diesen individualistischen Ansatz habe ich mir zu eigen gemacht; es ist geradezu mein Lebensthema, diese Auffassung in der therapeutischen Arbeit mit Kindern zu beherzigen, also von Schablonen, entwicklungspsychologischen Normvorstellungen immer dann abzusehen – man muss sie ja nicht gleich ganz über Bord werfen –, wenn ich ein Kind vor mir habe und mit dem Leid eines Kindes konfrontiert bin. In diesem Augenblick interessiert es mich nicht, wie ein Kind zu sein «hätte». In dieser Situation interessiert mich nur, was für ein Mensch da vor mir steht. Was spricht aus diesem Leid? Welche chiffrierten, missverstandenen Botschaften kann ich vielleicht durch meine erhöhte und ausdauernde Aufmerksamkeit entschlüsseln? Kann ich dem Kind dadurch helfen, dass ich zu verstehen versuche, was es mit seinen merkwürdigen Verhaltensweisen eigentlich zum Ausdruck bringen will? Diese individualistische Betrachtungsweise hat Korczak mit einem *Gleichberechtigungspostulat* verknüpft – das war für die damalige Zeit revolutionär, und ich würde sagen, das ist es heute immer noch, obwohl man als Lippenbekenntnis so etwas natürlich oft hört. Wie Maria Montessori bestand auch Korczak darauf, dass das Kind den Erwachsenen völlig gleichzustellen sei, oder wie er es ausdrückte: Das Kind soll nicht erst ein Mensch werden. Es ist schon ein Mensch. In vollgültigem Sinne. Und wenn Korczak sagte «ein Kind», dann meinte er auch ein Neugeborenes in der Wiege! – Ein Baby ist seelisch und geistig ein vollgültiger Mensch! Ohne Abstriche!

Das Zweite, was ich, ich darf durchaus sagen, übernommen habe von Korczak, das ist das Motiv des *Respektes vor dem Schicksal.* Korczak hat keinen Schicksalsbegriff entwickelt, das heißt, er hat sich nie darüber geäußert, was das denn eigentlich heißen könnte, dass ein Mensch ein eigenes Schicksal hat. Soweit ging er nicht. Er sprach dann in Metaphern. Er sagte: Das Neugeborene ist wie ein Blatt, das mit tausend kleinen Hieroglyphen beschriftet ist, von denen wir viele nicht entziffern können. Aber dann weicht er ein bisschen aus an dieser Stelle und verliert sich in Bildern von Ahnen und Gräbern und unendlichen Vergangenheiten von Vätern und Urvätern. Also man merkt, dass an der Stelle, wo er den Schicksalsbegriff versucht zu fassen, auch sein Fassungsvermögen zu Ende ist, und ich meine, das dürfte wahrscheinlich uns allen so gehen. Nichtsdestoweniger hatte er diesen unerhörten Respekt vor dem Schicksal. Und zwar in einem solchen Maße, dass er die Aussage riskierte: «Jedes Kind hat das Recht auf den eigenen Tod.» Das ist eine der rätselhaftesten Aussagen von Korczak, die er ebenfalls nicht im Einzelnen erläutert. Meditationsstoff. Ich meine, dass sein geradezu heiliger Respekt vor dem Schicksal des Menschen hier besonders zum Ausdruck kommt. Er wollte sagen: Man muss die Sache so weit treiben, dass man sich klar macht als Erzieher: Wenn es das Schicksal so will, dass ein Mensch vorzeitig sein Leben lassen muss und eben nicht friedlich an Altersschwäche stirbt, dann ist das etwas, wovor man Respekt haben sollte und woran man nichts ändern kann. Und man dürfe nicht glauben als Erzieher, dass man Einfluss hätte auf diese Dinge. Jedes Leben hat sein Maß! Sie sehen daran, wie radikal Korczak manchmal war. Das Recht des Kindes auf den eigenen Tod!

Das Dritte, was hervorsticht, ist die Dankbarkeitsforderung. Korczak hat gefordert, nein, er hat nicht gefordert, er hat eigentlich nie gefordert, er hat gefragt: Kann es denn sein, dass ein Erzieher dem Kinde nicht dankbar ist?

«Die Kinder schulden uns keine Dankbarkeit dafür, dass wir sie erziehen! Vielmehr haben wir ihnen dankbar dafür zu sein, dass sie sich uns anvertrauen und unser Leben mit Licht erfüllen!«

Janusz Korczak

Das schien ihm etwas völlig Unglaubliches, dass es möglich sein könne, dass ein Erzieher dem Kind nicht dankbar ist! Sie wissen alle, dass in Bezug auf die Dankbarkeitsfrage in Eltern, in Lehrern, in Kindergärtnern, in uns Therapeuten – ich schließe mich da vollständig ein – manches im Argen liegt. Sind wir ehrlich, ertappen wir uns auf Schritt und Tritt dabei, dass wir nicht etwa Dankbarkeit dem Kind gegenüber empfinden, sondern verstimmt sind, weil die Kinder uns für unsere Erziehungsbemühungen nicht die gebührende Dankbarkeit erweisen. Korczak hielt dagegen: Die Kinder schulden uns keine Dankbarkeit dafür, dass wir sie erziehen! Vielmehr haben wir ihnen dankbar dafür zu sein, dass sie sich uns anvertrauen und unser Leben mit Licht erfüllen!

Ein anderer wichtiger Gewährsmann unserer Arbeit und meiner Bemühungen ist Rudolf Steiner, der Begründer der Waldorfpädagogik, der das Dankbarkeitsmotiv ebenfalls in den Mittelpunkt seiner pädagogischen Überlegungen stellte. Dankbarkeit dem Kind gegenüber, sagte er, sei eine «goldene Grundregel der Erziehungskunst». Korczak hat die bis in die letzte Konsequenz getriebene Liebe, den bis in die letzte Konsequenz getriebenen Respekt vor der Individualität des Kindes vorgelebt und dies als Vermächtnis der Nachwelt hinterlassen. Es gibt aber noch etwas, worauf ich hinweisen möchte: die immer wieder bei Korczak aufblitzende «Kindheitsidee». Kindheit sei etwas Universelles sagt er, nicht nur eine Altersangabe. Es sei einer der schlimmsten Fehler anzunehmen, die Pädagogik sei die Wissenschaft vom Kinde und nicht die Wissenschaft vom Menschen.

Gehen wir zurück zu dem ersten Punkt des individualistischen Ansatzes in der Pädagogik. Rudolf Steiner hat diesen bei Korczak anzutreffenden individualistischen Ansatz radikal erweitert und zu Ende gedacht. Dabei ist er zu Ergebnissen gekommen, die zunächst so erstaunlich sind, dass wir sie nicht einfach ungeprüft annehmen können. Ich finde, dass man Steiners Idee vorurteilslos prüfen, aber nicht einfach nachbeten sollte. Menschen, die wie ich aus der anthroposophischen Richtung kommen, haben es manchmal an sich, dass sie in einer belehrenden Art fordern, man solle Rudolf Steiners Angaben wie die Heilige Schrift rezipieren. Ich bin überhaupt nicht dieser Meinung. Ich bin aber der Meinung, man müsse vieles, was er gesagt und geschrieben hat, ernstlich prüfen, auch wenn es völlig ungewohnt klingt. So zum Beispiel die Art und Weise, wie er den individualistischen Gedanken zu Ende geführt hat, die Art und Weise, wie er mit einer gewissen Radikalität feststellte: Es gibt entweder wirklich und in der Tat eine Individualität oder nicht! Machen wir hier kein «Wischiwaschi»! Entscheiden wir uns! Wenn es wirklich eine Individualität gibt, wenn also ein Kind von Beginn seines Lebensweges an ein ganz eigenes, unverwechselbares Wesen ist, dessen Eigensein wir zu respektieren haben, dann kann es nicht zutreffen, dass ein Kind als unbeschriebenes Blatt zur Welt kommt! Diese beiden Voraussetzungen sind inkompatibel. – Nun wird vielleicht mancher bei sich denken: Wer spricht denn heute noch von der «tabula rasa»? Heute spricht doch alle Welt vom genetischen Programm! Nun, eine Programmierung ist keine

Individualität. Auch hier muss man sich entscheiden. Die genetische Programmierung gibt einen gewissen Rahmen vor. Gewisse Tendenzen, gewisse Strukturmerkmale der Persönlichkeit sind insofern anlagebedingt. Das ist unbestreitbar. Der Begriff «tabula rasa» zielt hingegen auf die Umweltprägung. Er zielt auf das «leere» Bewusstsein, in das sich Erfahrungen einschreiben, auf das Lernen durch Erfahrung. Wenn aber der Mensch erstens eine leere Bewusstseinstafel und zweitens eine genetische Diskette ist und sonst nichts, dann ist er, das gebietet einfach die Logik, keine Individualität, sondern

1. ein erbbiologisch determiniertes bzw. programmiertes Wesen und
2. ein durch Umwelteinflüsse geprägtes bzw. programmiertes Wesen.

Doppelte Programmierung! «Eigenes» ist da nicht! Es sei denn, man zieht sich auf den wunderlichen Standpunkt zurück, das mische sich auf eine geheimnisvolle Weise zur «Individualität»; zwei Fremdeinwirkungen mischten sich auf geheimnisvolle Weise zu etwas ganz Eigenem. Steiner hingegen sagte wieder und wieder: Das ganz und gar Eigene des Kindes ist ein *Drittes,* jenseits von Vererbung, also genetischer Ausstattung, und Umweltprägung, «jenseits» davon und doch eng damit verwoben. Und dieses «Dritte» müsse zum zentralen Forschungsgegenstand der pädagogischen Wissenschaft und überhaupt der Anthropologie werden, sozusagen in der nächsten Kulturepoche, in der das rein materialistische Menschenbild abgelöst werden wird durch ein spirituelles.

Für dieses «Dritte» ist sozusagen die Wissenschaft noch blind. Diesbezüglich steckt sie noch so in den Kinderschuhen, wie sie vor zwei, drei Jahrhunderten in Bezug auf die Genetik in den Kinderschuhen steckte. Rudolf Steiner also gab zu bedenken: Im Kinde ist ein autonomer biografischer Richtungsimpuls, eine Motivation sui generis neben der genetischen Ausstattung und dem Erziehungs-/Umwelteinfluss wirksam. Nur wenn wir dies einräumen, können wir das Kind tatsächlich würdigen als eine im Sinne Korczaks von Anfang an gleichberechtigte Person. Andernfalls bleibt das Gleichberechtigungspostulat ein Lippenbekenntnis. Selbstverständlich fordert dieser Gedanke den Respekt vor dem Schicksal. Er schließt den Respekt vor dem Schicksal (das Zweite, was Korczak so stark betont) selbstverständlich ein. Das Recht des Kindes auf ein *eigenes* Leben, wozu auch der *eigene* Tod gehört, ein *eigenes* Schicksal mit allen Höhen und Tiefen; das Recht des Menschen auf Achtung *auch* der Leiden, *auch* der Konflikte, die er auf der Suche nach *seinem* Lebensthema, auf der Suche nach sich selbst (!) durchzustehen hat. Das ist es, was zu fordern ist, im Unterschied zu diesem fadenscheinigen Harmoniebegriff. Was will ein Mensch hier auf dieser Welt? Was sagt ihm sein Engel? Den Mythos des «Engels», des schicksalsführenden Wesens wiederzubeleben, fordert neuerdings z.B. James Hillmann*. Das ist sozusagen ein Dissident der Jungschen Schule, der immer wieder durch

* James Hillmann/Michael Ventura: *Hundert Jahre Psychotherapie, und der Welt geht's immer schlechter*, Solothurn 1993. – James Hillmann, *The Soul's Code*, New York 1996

provokante Bücher auf sich aufmerksam macht und ein neues Menschenbild fordert.

Wer in diesem Zusammenhang der Frage nach dem «eigenen Tod» nachgehen möchte, findet einen spannenden literarischen Stoff in Thornton Wilders Buch *Die Brücke von St. Luis Ray*. Dort nämlich geht Thornton Wilder als Dichter in Person eines Paters dieser Frage nach anlässlich eines Unfalls, bei dem eine Reihe von Menschen von einer Brücke gestürzt und umgekommen sind, unter ihnen ein Kind. Sie sterben alle auf einen Schlag, und dieser Pater kann nicht glauben, dass Gott so etwas zulässt. Er erforscht nun die Biografien dieser Menschen, um den Sinn des tragischen Geschehens zu erfassen. Er glaubt, dass jeder dieser Menschen sein Leben erfüllt haben müsse; es müsse sich in jedem dieser Fälle das Schicksal gerundet haben, sonst wären sie nicht gestorben. Der Pater versucht «Gottes unerforschlichen Ratschluss» zu ergründen.

Thornton Wilder bejaht die These der Sinnhaftigkeit des Todes. Der Pater freilich wird für seine Anmaßung, Schicksalsforschung zu betreiben, von der Inquisition hingerichtet. Es steht durch diese Dichtung in einer ganz imponierenden Art die Frage vor uns, die auch Korczak aufwirft, indem er rätselhafterweise ein «Recht des Kindes auf seinen eigenen Tod» fordert. Eine wohlfeile Antwort gibt es hier nicht. Vor allem darf man nicht auf den Gedanken verfallen, die Idee des sinnhaften Todes mindere die Entsetzlichkeit des *Tötens*. Wer einen Menschen tötet, *bricht* ja gerade das «Recht auf einen eigenen Tod». Korczak will sagen: Respektiert die Freiheit des Menschen auch dann, wenn er sich in Gefahr begibt! Das verborgene Wissen, das uns im Leben führt, mag auch ein Wissen um den eigenen Tod sein ...

Wir wollen uns aber mehr dem Geburtsgeheimnis als der Todesfrage zuwenden. Und an diesem Punkt komme ich nun zu Maria Montessori. Nicht etwa nur deshalb, weil hier viele sitzen, für die Maria Montessori maßgeblich und richtungsweisend ist. Maria Montessori begleitet mich schon lange. Anders kann es ja auch kaum sein, wenn man sich mit Reformpädagogik und mit neuen Ansätzen in der Pädagogik und in der Therapie beschäftigt. In meinem Buch *Schwierige Kinder gibt es nicht* (Verlag Freies Geistesleben) habe ich erstmals Maria Montessori pointiert in meine Gedankenwelt miteinbezogen, mich auf sie berufen und auch versucht, ihre Gedanken in eine Verbindung zu bringen mit den Ideen Rudolf Steiners. Das haben auch andere versucht. Von Marielle Seitz und Ursula Hallwachs ist im Kösel-Verlag unter dem Titel *Montessori oder Waldorf?* eine Orientierungshilfe für Eltern erschienen. Dort wird nicht polarisiert, sondern die Autorinnen versuchen einfach, die beiden pädagogisch-didaktischen Richtungen in ihren Grundzügen darzustellen und nebeneinander gelten zu lassen. Das ist die richtige Art, sich zu verständigen. Keine Aufrechnerei, keine Überbetonung der Unterschiede, sondern aktive Toleranz im Nebeneinanderstellen. Und im Vorwort schreibt Prof. Peter Paulig eben ganz richtig: Steiner und Montessori wollten bei näherer Betrachtung dasselbe. Ihre Menschenbilder sind sehr verwandt. In den pädagogischen Konsequenzen, in der Praxis gibt es allerdings deutliche Unterschiede. Ich frage: Könnte man nicht voneinander lernen für die Praxis?

Maria Montessori erwähnte ich zum allerersten Mal in einer schriftlichen Verlautbarung, als ich vor acht Jahren einen offenen Brief in verschiedenen deutschen Zeitschriften veröffentlichte, der an den damaligen Außenminister Genscher gerichtet und mit einer Unterschriftenaktion verbunden war, die von unserem Institut ausging. Wir baten im Namen der Kinder darum, dass sich Deutschland nicht an militärischen Kampfeinsätzen beteiligen möge, an sogenannten «Out of Aerea»-Einsätzen der NATO, sondern dass diesbezüglich das deutsche Grundgesetz nicht geändert werden dürfe nach den Erfahrungen des Zweiten Weltkrieges; dass man sich doch darauf besinnen möge, auch einmal ein Exempel im anderen Sinne zu statuieren, nämlich ein Beispiel von Entmilitarisierung zu geben, mit anderen Ländern eine Friedensinsel mitten in Europa zu schaffen. In diesem Appell, der selbstverständlich verhallt ist, rief ich als Kronzeugin für die politischen Rechte des Kindes u.a. Maria Montessori auf. Denn sie steht als Verteidigerin der Kindheit wie ein Fanal in diesem Jahrhundert.

Bei Maria Montessori habe ich eine interessante Passage gefunden im Zusammenhang mit dem Geburtsereignis. Man müsse sich die Überzeugung aneignen, schreibt sie, «dass das Kind schon vor der Geburt ein richtiges Seelenleben besitzt», und sich auf den Begriff der «Fleischwerdung» (Inkarnation) besinnen. Man müsse sich also darauf besinnen, dass «in dem Körper eines Neugeborenen ein Geist Fleisch geworden ist, um auf

«Man muss sich also darauf besinnen, dass in dem Körper eines Neugeborenen ein Geist Fleisch geworden ist, um auf dieser Erde zu leben.»

Maria Montessori

dieser Erde zu leben». Das ist eine ungeheure Aussage. Der Begriff der Inkarnation ist dem alten katholischen Vokabular entliehen, das ist klar. Montessori hebt, überraschend für die damalige und heutige Zeit, diesen Begriff der Fleischwerdung des Geistes als Chiffre für die Geburt und das frühkindliche Entwicklungsgeschehen aus der Vergessenheit. Sie stellt diesen Begriff mitten hinein in das moderne Leben, in die moderne wissenschaftliche Debatte.

Es kommt also der Inkarnationsbegriff durch Maria Montessori als *erziehungswissenschaftlicher* Begriff ins Spiel, und dieser Begriff findet sich auch bei Rudolf Steiner. Steiner verwies mit noch viel größerem Nachdruck auf den Inkarnationsbegriff. Und er machte deutlich, dass, wer diesen Begriff gelten lassen wolle, konsequenterweise davon ausgehen müsse, dass die geistig-seelische Individualität, die sich im Empfängnis- und Geburtsgeschehen «verkörpert», vor diesem Verkörperungsvorgang in einem präkonzeptionellen Seinszustand als Individualität (!) schon anwesend war. Damit, wir erinnern uns, ist auf jene «dritte», schicksalsführende Instanz verwiesen. Das würde also heißen, dass ein Kind nicht erst entsteht, wenn es geboren wird, sondern dass es die Seins-Ebene wechselt.

Neuerdings schlägt auch der schon erwähnte James Hillmann diese Sichtweise vor. In der Zeitschrift «Psychologie heute» (Mai 1998) erschien ein Interview mit ihm, aus dem ich einige Passagen vorlesen möchte, weil es mich begeistert, wie hier jemand aus eigenständiger Forschung zu im besten Sinne revolutionierenden

«Wenn ein Kind ‹unverständlicherweise› widerspenstig ist oder ‹absichtlich› schlechte Noten produziert oder in der Schule träumt, dann wirkt etwas in ihm, das wir nicht erkennen wollen. Dieses Etwas im Kind weigert sich, sich dem Außendruck anzupassen.» *James Hillmann*

Fragestellungen vordringt. Fragestellungen, von denen ich meine, sie seien reif in unserer heutigen Zeit. «Ich glaube», sagt Hillmann, «wir erleben einen Paradigmenwechsel. Die Menschen sind nicht länger zufrieden damit, ihre persönliche Geschichte als eine Geschichte von Kausalitäten zu sehen. Diese Betrachtungsweise hilft überhaupt nicht dabei herauszufinden, warum wir hier sind, was wir mit unserem Leben anfangen sollen oder was unser persönliches Schicksal ist. Die herrschende Psychologie ist eine Psychologie der Ableitungen – wir sind am Ende nichts anderes als ein Resultat. Das Modell, nachdem wir die meiste Zeit in diesem Jahrhundert unser Leben erklärt haben, löst sich auf. Es hat uns nicht geholfen. Ich glaube, dass der universelle, in den meisten Weltkulturen anzutreffende Mythos uns weiterhelfen kann, dass ein Kind die Welt mit einer Berufung betritt, mit einem individuellen Schicksal. Dieser Mythos könnte uns helfen, unser Leben in einem ganz neuen Lichte zu betrachten. Ich glaube, das ist auch der Grund, warum dieser Mythos sofort mit dem Herzen verstanden wird. Er befriedigt unmittelbar ein tiefes Bedürfnis, das die genetische oder die Umweltbetrachtungsweise unseres Schicksals nicht erfüllt.» Hillmann kommt dann noch darauf zu sprechen, dass dieser «Mythos» in vielen alten Kulturen gepflegt wurde. Und er fährt fort, über die pädagogischen Konsequenzen dieses Gedankens zu sprechen, nämlich darüber, dass wir als Erzieher eine Schicksalsführung zu berücksichtigen haben, den «Engel», «Daimon» oder «Genius» des Kindes, der sozusagen das Wissen um die «Berufung» hütet. Hillmann betont, dass er nicht die calvinistische Prädestinationslehre oder etwas dergleichen im Auge hat. Gemeint ist eher das, was in der griechischen Schicksalsidee Moira anklingt: dass es etwas gibt, was uns «zugewiesen» ist als unser innerster, ureigener Wille, den wir mitbringen in dieses Leben. Hillmann: «Ein unsichtbarer Gefährte, der aber nicht jede Bewegung oder jede Entscheidung beeinflusst, [...] der uns Warnungen und Ermutigungen zuflüstert, der uns in eine bestimmte Richtung drängt. Moira kann z.B. in einem bestimmten Talent und einer bestimmten Begabung zum Ausdruck kommen, aber auch als Störung und auffälliges Verhalten [...]. Was wir Trotz, zwanghaftes Verhalten oder Obsession nennen, ist oftmals eine Hingabe.» Er kritisiert die «negative Sprache für viele kindliche Verhaltensweisen», die wir uns angewöhnt haben. «In vielen sogenannten primitiven Kulturen wird ein solches auffälliges Kind von den Ältesten sogleich sorgfältig beobachtet. Seine Besonderheit, seine Eigenheit, sein besonderes Talent erhält so einen Entwicklungsraum.» Die *Qualität,* die *Originalität* des Verhaltens steht im Vordergrund, nicht die «Störung». Davon können wir einiges lernen! Hillmann schließt damit, dass er auf die zahlreichen bedeutenden, kreativen Menschen hinweist, die als Kinder höchst ungewöhnlich waren und darunter zu leiden hatten, dass man sie für «gestört» hielt. «Wenn ein Kind ‹unverständlicherweise› widerspenstig ist oder ‹absichtlich› schlechte Noten produziert oder in der Schule träumt, dann wirkt etwas in ihm, das wir nicht erkennen wollen. Dieses Etwas im Kind weigert sich, sich dem Außendruck anzupassen.» So weit James Hillmann.

Wir sollten gut bedenken, dass die heutige Zeit einen enormen Anpassungsdruck auf die Menschen ausübt. Dieser Druck ist so subtil und so «normal», dass wir ihn meistens gar nicht mehr bewusst wahrnehmen. Und es ist ein Merkmal unserer Zeit, dass der Genius, der Engel des Kindes (wie immer wir dieses Geheimnisvolle nennen wollen) häufig sich nicht anders äußern kann als eben so, dass es wie Widerspenstigkeit, wie «Faulheit», wie Resistenz, wie eine «Störung» wirkt. James Hillmann also ist jemand, der ebenfalls die Spur des «sich verkörpernden Geistes» verfolgt. Die Spur, auf die auch Maria Montessori selbstverständlich gestoßen war dank ihrer, ich möchte sagen intuitiven Wahrnehmungsfähigkeit. Immer wieder spricht sie von einem Geheimnis, das wir nicht antasten dürfen, vor dem wir Respekt, ja Ehrfurcht haben müssen. Auch Steiner wurde nicht müde, auf den *Geheimnisaspekt* hinzuweisen. Das Wesentliche des Kindes, sagt er, das erkennen wir ja gar nicht mit dem gewöhnlichen Verstand, das können wir gar nicht erfassen, aber wir können es fördern durch Aufmerksamkeit, Umsicht und Hingabe. Diese Haltung finden wir bei Maria Montessori. Wir finden sie bei Steiner und Korczak. Und unter den sogenannten Dissidenten der Schulwissenschaft werden allmählich mehr Stimmen laut, die im Grunde genommen fordern: Es gibt das individuelle, einzigartige Schicksal! Respektiert es endlich, sonst werdet ihr das Kind nie wirklich verstehen!

In den Anfängen der Entwicklung meines pädagogischen Denkens war ich ein Anhänger von Alexander S. Neill. Die antiautoritäre Erziehungsidee hatte mich unerhört begeistert. Zwar hat sich da im Laufe der Zeit einiges relativiert, aber ich möchte doch ein paar Sätze zur Verteidigung Neills sagen. Immer höre ich: Das war ja der Irrtum des Jahrhunderts! usw. Das geht ja inzwischen so weit, dass man den ganzen Schlamassel, den die heutige Kultur und die heutige Gesellschaft anrichtet in der Welt der Kinder, nun plötzlich denen zur Last legen will, die damals etwas ändern wollten an der Entwicklung, die eben in den Schlamassel hineingeführt hat. Die antiautoritäre Erziehung sei schuld, dass heute so viele Kinder «Störungen» hätten, heißt es. Das ist Unsinn im Quadrat. Wer A. S. Neill kennt, weiß, dass sein glühendes Anliegen war, der Kindheitsidee zum Durchbruch zu verhelfen. Ich verstehe unter «Kindheitsidee» eine Ethik der unbedingten Würdigung der kindlichen Individualität, das ist eine Gesinnungsfrage. Diese oder jene Methode anzuwenden, pädagogisch oder therapeutisch, das nützt nichts. Die beste Methodik entartet, wenn sie nicht von einer pädagogischen Ethik jenseits aller Richtungskämpfe getragen ist, zum Produktionsbetrieb, zur Herstellung maßgerechter Kinder. Und von der ethischen Seite her hat Neill etwas unerhört Wichtiges erkannt und verteidigt, nämlich die von der ersten Stunde an stützenswerte, real anwesende Individualität. Neill hat das zwar nicht konsequent zu Ende gedacht, aber er hat es erkannt.

Die antiautoritäre Bewegung war eigenartig widersprüchlich in Bezug auf ihre anthropologischen Prämissen. Wir sagten: Das Heiligste ist die Individualität des Kindes, sie muss und kann sich selbstständig entwickeln, sie bedarf nicht der Erziehung. Das Kind weiß von der ersten Sekunde an, was es zuinnerst will. Und auf der anderen Seite haben wir in den politischen Seminaren den dialektischen Materialismus gepredigt. Was besagt der dialektische Materialismus? Er besagt, dass der Mensch aus dem Nichts kommt, als ein unbeschriebenes Blatt, und dass *alles* Erziehung ist. Alles ist Erziehung. Der Mensch wird, was die Umwelt aus ihm macht, das haben wir damals in den politischen Seminaren gesagt. Das Kind ist eine Individualität mit einem ganz eigenen Willensimpuls von Anfang an, das haben wir in unseren pädagogischen Gesprächskreisen gesagt. Ja, was nun?

Sehen Sie, an diesem Widerspruch ist die Sache zerbrochen. Dieser Widerspruch konnte nicht durchgetragen werden. Hier ist wieder dieser Entscheidungspunkt: Entweder das Kind ist von Anfang an eine Individualität, die geachtet werden muss, oder es ist ein unbeschriebenes Blatt. Ist es ein unbeschriebenes Blatt, müssen wir es beschriften. Und zwar so, dass die Beschriftung irgendeiner Vorstellung entspricht, die wir uns vorher bilden müssen, sonst wissen wir ja gar nicht, was wir schreiben sollen. Ist das Kind von vornherein eine Individualität, dann müssen wir seinen Eigenwillen erfassen, erspüren, ermutigen, müssen lernen, mit erhöhter Aufmerksamkeit und Fingerspitzengefühl aus dem Erfassen der individuellen Impulse des Kindes unser erzieherisches Handeln zu bestimmen: situativ, intuitiv, vom Kinde selbst geführt. So viel wollte ich noch zu Neill sagen. Man mag ihn punktuell kritisieren, wie man will, aber in einem zentralen Punkt behält er recht. Der Pädagoge

Kinder nehmen ganz anders wahr als wir.
Das darf man nie vergessen.

Werner Kuhfuß hat diesen entscheidenden Punkt in die Worte gekleidet: «Das Heiligste und Unantastbare im Verhältnis von Erwachsenen zu Kindern ist der Wille des Kindes!» Dieser, sagt Kuhfuß, darf nicht durch Druck geschwächt werden, sondern muss durch den rechten «Zug» (im Gegensatz zu «Druck») hervorgerufen, gestärkt werden. Wir müssen ausgehen davon, im radikalsten Sinne, dass das Kind mit einem Eigenwillen zur Welt kommt, mit einem individuellen biografischen Richtungsimpuls. Und wenn wir das akzeptieren, ich zitiere Kuhfuß, dann gilt, dass «jeder Zug oder Sog in die richtige Richtung und mit der richtigen Haltung kräftigt und bestätigt. Jeder Druck, auch in der besten Absicht, schwächt.» An dieser Stelle soll Rudolf Steiner noch einmal zu Wort kommen: «Es gibt nur einen Erzieher, das ist der kindliche Mensch sich selbst gegenüber. Pädagogik ist die Kunst, dem kindlichen Menschen Gelegenheit zu verschaffen, sich selbst zu erziehen.»

Die (grob gesagt) programmatische Kindervernachlässigung, die in Teilen der antiautoritären Szene als «neue Pädagogik» ausgegeben wurde, war natürlich nicht die richtige Konsequenz. Hier lag eine grobe Verkennung der «condition humaine» vor. Der Mensch in Anbetracht seiner einzigartigen physiologisch-neurologischen Plastizität (keine andere Spezies ist auch nur annähernd so geschmeidig, so bildsam, so gestaltungsoffen und selbstgestaltungsmächtig zugleich), in Anbetracht seiner einzigartigen Flexibilität, also Fähigkeit, seine Verhaltensmuster zu wandeln, zu variieren, ja völlig zu revolutionieren, dieser Mensch bedarf namentlich im Frühstadium seines Werdens natürlich eines Schutzraumes und einer Begleitung, die mit dieser unerhörten Empfänglichkeit, mit diesem Widerspruch zwischen plastischem Vermögen und Plastizität rechnet. Das haben wir in der antiautoritären Zeit übersehen. Der individuelle Grundzug ist das Wesentliche. Aber man darf den Aspekt der Bildsamkeit nicht vergessen! Alle Eindrücke *beeindrucken,* auch die, die nicht über Augen, Ohren, Geschmack, Geruch usw. aufgenommen werden. Es gibt feinere Wahrnehmungsebenen. Kinder nehmen ganz anders wahr als wir. Das darf man nie vergessen.

Wenn Sie die verschiedenen Wahrnehmungsstufen der Menschheit, wie sie Jean Gebser, der berühmte Bewusstseinsforscher, beschrieben hat, einmal studieren, dann werden Sie z. B. finden, dass er bestimmten Stufen der Menschheitsentwicklung das sogenannte magische und das mythische Bewusstsein zuordnet und hier differenzierte Kriterien herausarbeitet. Und dann geht es über verschiedene Stufen weiter, bis man bei dem intellektuell-abstrakten Bewusstsein angekommen ist, das wir heute «Intelligenz» nennen. Was Gebser über das magisch-mythische Bewusstsein schreibt, erinnert stark an die vorintellektuellen Stufen der Selbst- und Weltwahrnehmung, die wir bei Kindern beobachten können. Dieses magische, man kann auch sagen sensitive, hellfühlige Bewusstsein ist in Wahrnehmungsprozesse eingeschaltet, die ganz außerhalb des gewöhnlichen Sinnesfeldes liegen, das müssen wir bedenken. Eine unglaubliche durchaus «übersinnliche» Feinfühligkeit und Feinsinnigkeit ist vorauszusetzen! Mit anderen

Worten: Eine Pädagogik, die in einer ganzheitlichen Menschenkunde gründet, muss auch darauf Rücksicht nehmen, was in den «Zwischenräumen» geschieht. Also: Was denken wir, wie denken wir über das Kind? Wie ist unsere Gefühlslage dem Kinde gegenüber? Das nehmen die Kinder sehr deutlich wahr! Das magisch-sensitive Bewusstsein ist eingeschaltet in das Unaussprechliche, Unausgesprochene, das zwischen den Menschen webt. Auf dieser Ebene ist liebevolle Aufmerksamkeit, auch über Entfernungen hinweg, ein real spürbares Wärmeereignis. Das wird viel zu wenig bedacht. Ein Beispiel: Wer denkt schon daran, dass die Art der Gesprächskultur in den Kollegien, im Kindergarten, in der Schule, zwischen den Eltern oder zwischen Eltern und Lehrern eine direkt wirksame Qualität ist? Ein wirklicher pädagogischer Faktor? Wer zieht schon in Betracht, dass Kinder auf dieser Ebene mit uns in Verbindung stehen könnten auf eine Art, die unseren Alltagsverstand übersteigt? Mit anderen Worten: Wie wir über ein Kind sprechen, was für ein Geist in unseren Gedanken, Empfindungen, Gesprächen über das Kind lebt – das ist die halbe Erziehung! Ja, was richten wir denn an, wenn wir ein Kind als «gestört» klassifizieren und eine entsprechende innere Einstellung ihm gegenüber entwickeln? Das bleibt dem Kind nicht verborgen! Das nimmt es buchstäblich «im Schlafe» ganz tief wahr! Die Frage ist doch: Bildet sich um das Kind herum im geistig-seelischen Raum eine negativ bewertende, abschätzige Stimmung, oder ist oder bildet sich eine Atmosphäre, die man wirklich eine

Einen Schutzraum als soziale Wärmezone, einen Schutzraum des freund(schaft)lichen Denkens aneinander, des Interesses für einander zu schaffen gegen die Kälte der Zeit, ist mindestens genauso wichtig wie schöne Farben, schöne Musik, schöne Spiel-materialien.

würdigende nennen kann? Eine würdigende Atmosphäre entsteht, wenn man sich im Geiste der Liebe und Achtung *verständigt,* um zu *verstehen,* wer dieses besondere Kind ist und wie man ihm helfen kann, sein *Eigenes* hervorzubringen. Die Stimmung hingegen, die das «schwierige» Kind zu einem Symptomträger degradiert, den man durch allerlei Reparaturmaßnahmen wieder auf Normalmaß zurechtbiegen müsse, ist atmosphärisches Gift! Ich staune immer wieder über die Blindheit derer, die nicht bemerken, ja nicht einmal für möglich halten, dass viele Kinder, die dieser Giftwirkung ausgesetzt sind, deshalb, wie man so schön sagt, erziehungs- und therapieresistent werden, weil sie die Aburteilung, den «defektivistischen Blick», wie ich es in meinem Buch *Schwierige Kinder gibt es nicht* ausdrükke, nicht ertragen!

Der Mensch ist ein hochgradig verletzliches Wesen. Auch wenn wir das Kind in seiner Freiheit respektieren, müssen wir ihm eine abschirmende, einhüllende und wärmende Umgebungsgestaltung bieten. Einen Schutzraum. Das ist ein zentrales Prinzip zeitgemäßer Erziehung. Sie alle wissen, dass die *Reizüberflutung* – der Begriff ist ja in aller Munde – ein wirkliches Problem darstellt, und zwar, wie Sie meinen Worten entnehmen konnten, in einem viel weiteren Sinne noch, als man gemeinhin glaubt. Einen Schutzraum als soziale Wärmezone, einen Schutzraum des freund(schaft)lichen Denkens aneinander, des Interesses füreinander zu schaffen gegen die Kälte der Zeit, ist mindestens genauso wichtig wie schöne Farben, schöne Musik, schöne Spielmaterialien.

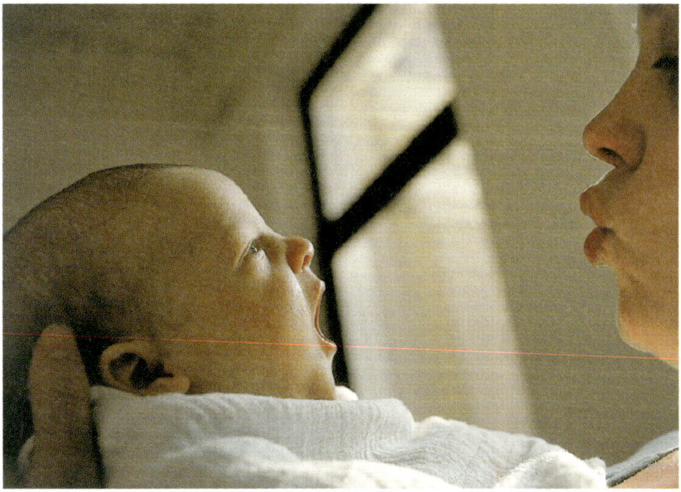

*Wer mit kleinen Kindern Umgang hat,
weiß, welche wunderbare Fähigkeit da zur
Erscheinung kommt. «Ich will auch, ich will
auch, ich will auch», sagt das Kind aus
tiefstem Herzensgrund.*

Die Förderung der Kreativität ist ein weiteres. In der antiautoritären Phase glaubten wir: Ein Kind wird von selbst und in jeder Lebenslage kreativ, abgesehen natürlich von Extremsituationen der Bedrängnis, des Mangels, der Verlassenheit. Wir glaubten: Wenn man die Kleinen einfach sich selbst überlässt, dann kommt die Genialität des freien Künstlers heraus. Das ist natürlich Unsinn. Man muss nur die kindliche Entwicklung von der Bewegungsseite her betrachten, die sensomotorischen Integrationssschritte beobachten, dann wird man finden, dass das Kind über Nachahmungsprozesse sich langsam erst hineinfindet im Laufe der Jahre in eine Kompetenz der Selbstwahrnehmung und Körperbeherrschung, die es ihm schließlich ermöglicht, zu freien Gestaltungen vorzudringen. Das ist ein komplexer und hindernisreicher Weg. Auf diesem Weg will und muss das Kind fördernd begleitet werden. Die Förderung besteht nicht in ständiger Ermahnung und Korrektur, da sage ich ja allen Montessori-Freunden nichts Neues, nicht in Ge- und Verboten (die sind nicht immer zu vermeiden, aber sie erziehen nicht!), sondern darin, dass wir so viel wie möglich tun, um das Kind als Nachahmungs-Bewegungswesen anzuregen und zu ermutigen. Die Nachahmung ist hier ein zentrales Element. Ich weiß, dass Maria Montessori einmal gesagt hat: Es kommt auf die Nachahmung nicht an, sondern auf die freie Tat. Hier dürfen wir uns nicht beirren lassen. Der Nachahmungsbegriff, der an dieser Stelle bei Montessori auftaucht, ist ein anderer als der, den wir jetzt im Auge haben. Was Montessori mit Recht skeptisch beurteilt, ist das mechanische, gehorsame Imitieren. Der Nachahmungsbegriff, auf den ich mich jetzt beziehe, meint eine Tätigkeit, in der das Kind aus seinem schöpferischen Eigenwillen heraus die Bewegungsvorgänge, die es staunend in der Umgebung wahrnimmt, als Anregungen aufnimmt und kreativ umsetzt. Wer mit kleinen Kindern Umgang hat, weiß, welche wunderbare Fähigkeit da zur Erscheinung kommt. «Ich will auch, ich will auch, ich will auch», sagt das Kind aus tiefstem Herzensgrund. Und das *tut jedes* gesunde Kind. Gemeinsam mit den Erwachsenen etwas tun im nachahmend-schöpferischen Mitvollzug – das ist tiefe Erfüllung. *Diese* Art von Nachahmung ist unerhört wichtig! Und hier stoßen wir wieder auf das Motiv des pädagogischen Schutzraumes. Kinder sind heute einer solchen Fülle, einem solchen Übermaß an Eindrücken ausgesetzt, die das Nachahmungswesen überfordern und in die Irre führen, dass es natürlich eine hochrangige und zentrale pädagogische Aufgabe ist, den Kindern sinnvolle, innerlich belebende und bereichernde Nachahmungsangebote zu machen, sowohl im Kindergarten als auch in der frühen Schulzeit.

Belebende und bereichernde Nachahmungsvorgänge spielen sich vor allem im Bewegungsbereich, im Bereich der Gebärdensprache, im Bereich des Tänzerischen, Rhythmischen, Pantomimischen ab. Hier fühlen sich die Kinder ganz in ihrem Kindsein angesprochen. Nicht wahr, wenn ein Kind vor dem Fernseher sitzt, kann es nicht nachahmen. Haben Sie schon einmal erlebt, wie Kinder versuchen, Fernsehfilme nachzuahmen? Das ist so bizarr! Weil es eigentlich gar nicht geht. Ganz klar. Man kann auch kein Mixgerät nachahmen. Keine elektrische Kaffeemühle. Aber wenn die Mutter mit dem Quirl etwas rührt oder mit der alten handgetriebenen Kaffeemühle mahlt, das kann man nachahmen! Ich sage einfache Dinge. Man kann ein Auto zur Not nachahmen, aber schauen Sie den Kindern mal dabei zu! Das ist schon eine recht groteske und frustrierende Geschichte! Was ein Kind als innerlich nachahmendes Wesen hingegen bei den Bewegungen eines Pferdes erlebt, das ist etwas Urbildliches, was es ganz tief innerlich versteht. Wenn die Kinder «Pferdchen» spielen – haben Sie es einmal erlebt? –, dann werden sie bis in den Gesichtsausdruck Pferd! Es ist frappierend. Ihre Bewegungsabläufe werden «pferdig». Ihr Mienenspiel wird auf eigenartige Weise «pferdig». Sie machen das mit einer unglaublichen Könnerschaft. Das Nachahmungswesen will zugreifen, wo es verstehend zugreifen kann. Hier erbringen die Kinder ihre ersten elementaren schöpferischen Leistungen.

Das Kind will von Anfang an *sich selbst* zum Vorschein bringen. Aber es muss die Fähigkeiten, sich zum Vorschein, zum Ausdruck zu bringen, erst Schritt für Schritt erringen. Und hierbei müssen wir ihm helfen. Deshalb Sinnespflege, deshalb Kreativitätsforderung, um diese Schlagworte zu benutzen, die natürlich im Einzelnen dann konkretisiert werden müssen. Deshalb Nachahmungsförderung als Grundstufe der Kreativitätsförderung. Die Defizite im Nachahmungsbereich sind heute ein großes Problem. Viele Angst- und Traurig-

Rudolf Steiner bezeichnete das Urerlebnis, das einem Kind zuteil wird, wenn es wirklich in der tastenden Welterkundung sich so entwickeln darf, wie es eben einem Kinde zusteht, als «Gotterlebnis».

keitszustände bei Kindern rühren von der Verkümmerung des Nachahmungswesens in der früheren Kindheit her.

Sie alle wissen, dass die primären Sinnesfelder für die Kinder wieder erobert werden müssen. Es ist eine kleine Tragödie, dass heute ein Großteil der Kinder ohne Bezug zur Natur aufwachsen. Es hat sich die Menschenschöpfung vor die göttliche Schöpfung geschoben, und das ist für die Kinder ein ziemlich herber Bruch, wenn man gelten lassen will, dass ein Kind aus der geistig-göttlichen Welt in die irdisch-physisch-materielle Welt hinuntersteigt, also einen Wechsel der Seinsebenen vollzieht, den man sich schroffer nicht denken kann. Da wünscht man dem Kinde, dass es auf der Erde nicht ganz abgeschnitten sei von den Erlebnisqualitäten, in denen urbildlich noch die Schöpferkräfte anwesend sind: die Kräfte, aus denen die Weltschöpfung entstanden ist. Man hat ja bis vor gar nicht langer Zeit gesagt: Im Stein, im Wasser, im Wind, in Feuer, Wärme und Licht, da begegnen wir den in die Erscheinungswelt gefallenen schöpferischen Urkräften. Wenn wir mit Maria Montessori und Rudolf Steiner den Mut haben, das Kind zu imaginieren als ein Wesen, das aus der Sphäre der schöpferischen Urkräfte in die Erdenwelt hinuntersteigt, dann können wir uns auch vorstellen, wie schroff, wie brutal dieser Wechsel ist, wenn fast alles, was dem Kinde begegnet in dieser zunächst fremden Welt, völlig ohne Bezug ist zu der himmlischen Sphäre, aus der es sich gerade entfernt, von der es gerade Abschied nimmt. Nur noch Maschinen. Nur noch Beton. Das ist andeutungs-

Kein anderes Wesen auf dieser Welt ist in seinem fragenden Kommunikationsbedürfnis so ausgeprägt wie der Mensch.

weise der spirituelle Hintergrund der Forderung nach Wiedererringung der primären Erlebnisfelder für Kinder.

Rudolf Steiner bezeichnete das Urerlebnis, das einem Kind zuteil wird, wenn es wirklich in der tastenden Welterkundung sich so entwickeln darf, wie es eben einem Kinde zusteht, als «Gotterlebnis». Und nun beobachten Sie einmal die kleinen Kinder, wenn sie tastend mit Dingen, mit Materialien Bekanntschaft machen dürfen, die wirklich noch *Eigenschaften* haben. Nicht wahr, wenn man immer nur Plastik in der Hand hat, dann ist es im Tasten so, wie es im Sehfeld wäre, wenn es keine Farben gäbe. Wenn da alles Grau in Grau wäre. Genau dasselbe spielt sich ab, wenn ein Kind immer nur Plastik fühlt. Da fühlt sich alles gleich an. Wir müssen also differenzierte Tasterfahrungen dem Kinde ermöglichen im Umgang mit elementaren Qualitäten, also Stein, Wasser, Sand, Holz; mit allem eben, was wir direkt der Natur entnehmen. Dadurch helfen wir dem Kind, ein Stück Rückverbindung zu behalten zu der Welt, aus der es herkommt, den Übergang gleitend zu gestalten von der einen Welt in die andere, nicht schockhaft.

Der Mensch ist fundamental anders organisiert als das Tier, höhere Tiere eingeschlossen. Er ist, wie Jean Paul Sartre sagte, zur Freiheit verurteilt. Er ist mit einer unerhörten physiologisch-neurologischen und natürlich auch seelisch-geistigen Plastizität begabt oder bestraft, wie man will; mit einer unerhörten Flexibilität und Empfänglichkeit für das, was auf verschiedenen Ebenen in seinem Umkreis lebt. Dies muss bedacht werden in der

Umgebungsgestaltung für Kinder, in der Beziehungsgestaltung mit ihnen. Sie sind elementar darauf angewiesen, ihr kreatives Potenzial zu entfalten, was eng zusammenhängt mit der Entfaltung des Sinnespotenzials. Je kraftvoller ein Mensch sein Sinnespotenzial und auf dieser Grundlage sein kreatives Potenzial entfalten kann, desto deutlicher wird er seine Existenz als ein «Sein zum Sinn» (Viktor E. Frankl) erleben. Im Jugendalter äußert sich diese Erfahrung von Sinn als Idealismus, als Weltverbesserungsdrang: Ich sehe die Unvollkommenheit des Seins, aber ich kann mitwirken an einem großen Zukunftswerk! – Diese idealistische Gestimmtheit im Jugendalter hängt in hohem Maße davon ab, ob das Kind sich in seinem Sinneswesen und Ausdruckswesen in der richtigen Weise entfalten konnte. Unterstreichen wir an dieser Stelle noch einmal die schöpferische, gesunde Nachahmung (im Gegensatz zur automatenhaften Imitation). Kein anderes Wesen auf dieser Welt ist in seinem *fragenden Kommunikationsbedürfnis* so ausgeprägt wie der Mensch. Das Kind betritt die Welt als eine große, leibgewordene Frage: Wo bin ich? Wer seid ihr? Was ist das? Und was ist das? Und wie heißt das? Und wie gehört dies und das zusammen? Und Warum? – Und es steigert sich dieses Fragen von Stufe zu Stufe. Man könnte eine reine Entwicklungspsychologie des Fragens ausarbeiten! Von der tastenden Welterkundung bis zur Frage nach dem Sinn des Lebens und nach dem Geheimnis des Todes!

Das fragende Hingewandtsein zum «Du» ist das Urphänomen. Damit fängt alles an. Das Kind will Beziehung aufnehmen und in der Wärme des «Zwischen-uns» erfahren, dass es Güte in der Welt gibt. Dass alles durch Liebe heilen kann. Wird es wieder gut? Das ist *die* Kinderfrage schlechthin. Wenn etwas zerbricht, wenn etwas misslingt, wenn zwei sich streiten, wenn jemand krank ist: «Wird es wieder gut?» In dieser Frage lebt so viel vom Wesen des Kindlichen, vom Wunder des Kindseins, wie in kaum einer anderen. Wird es wieder gut? Das ist die Frage nach der *Heilung*. Auf diese Frage müssen wir die richtige Antwort finden. Aber Belehrungen nützen nichts. Die richtige pädagogische Antwort auf die Kernfrage «Wird es wieder gut?», ist eine *Verhaltensfrage*. Wie gehen wir miteinander um? Wie gehen wir mit den Dingen um? Das erleben die Kinder mit einer unerhörten Feinfühligkeit. Und wir können mit ihrer nachahmungsbereiten Hingeneigtheit zum Guten, d.h. zum pfleglichen, achtsamen, hilfsbereiten, friedfertigen Umgang rechnen!

Arbeiten wir nicht so viel mit Belehrungen! Arbeiten wir so, dass wir eine Umgebung schaffen, in der das Kind erlebt: Es gibt Streit. Mißverständnisse. Krisen. Träume. Das gehört alles dazu. Aber es wird wieder gut! Alle bemühen sich immerhin, dass es gut werde. Die Erziehungsfrage als sozial-zwischenmenschliche Frage, das ist der Punkt, an dem wir jetzt angelangt sind. Und dies bitte ich Sie, ganz, so tief Sie können, in sich aufzunehmen und mitzunehmen. Mit fadenscheiniger Harmonie, mit der bürgerlichen Fassade können die Kinder wenig anfangen. Erzieherisch heilsam wirkt unser aufrichtiges Bemühen, unser Ringen um menschengemäße Verhältnisse.

*Arbeiten wir nicht so viel mit Belehrungen!
Arbeiten wir so, dass wir eine Umgebung
schaffen, in der das Kind erlebt: Es gibt Streit.
Missverständnisse. Krisen. Träume. Das gehört
alles dazu. Aber es wird wieder gut! Alle
bemühen sich immerhin, dass es gut werde.*

Und schließlich ist der Mensch, anders als alle anderen Wesen dieser Welt, *zukunfts- und gestaltungsorientiert.* Dies gilt ganz besonders für Kinder. Das Kind will sich selbst entwickeln und ausfalten, will in der permanenten schöpferischen Veränderung zu sich kommen – «zu sich» heißt aber: Zukunft. Der Ort, an dem ich stehe, kann nicht das Ziel sein – und doch trägt der, der unterwegs zu sich selbst ist, das Ziel schon in sich als die Kraft, die ihn bewegt und ihm die Richtung gibt. Der Mensch ist zukunftsorientiert, und das heißt: gestaltungsorientiert. Die Lebensfrage lautet als Sinnfrage: Wie kann ich mich so entwickeln, so in die Welt hinein entwickeln, dass ich mich mit mir einig fühlen werde, irgendwann. Das ist eine Frage, die den kreativen Menschen und den sozialen Menschen gleichermaßen betrifft: die Liebe und die Kreativität. Es ist ein Geheimnis: Ich kann nur mit mir selbst einverstanden sein im tiefsten Seelengrund, wenn ich mich hineinwerfe auf den *Menschen*, auf die «Humanitas», wenn also die Schritte meiner Selbstentfaltung auf die Entfaltung der Menschlichkeit, der «sozialen Skulptur» (J. Beuys) bezogen sind. Die Kreativitätsforschung übersieht oft, dass kreative Impulse im Ursprung (!) Liebesimpulse sind, auch wenn das *Thema* die Auseinandersetzung mit der Destruktivität ist. Das liegt ja in der Zeit.

Kunst also gehört in die Schule und natürlich in die Vorschule. In einem viel, viel stärkeren Maße, als es heute der Fall ist. Ich sage auch in den «Waldorf»-Kreisen und mache mich damit unbeliebt: Das ist doch alles nur Theorie, dass der Unterricht «durchkunstet» sei!

Wir beugen uns dem Zwang der Verhältnisse viel zu stark. Es wird auch bei uns viel zu viel intellektuell gelernt. Die heutigen Kinder wollen und brauchen in allererster Linie das Künstlerische.

Wenn wir ehrlich sind, dann müssen wir zugeben: Wir beugen uns dem Zwang der Verhältnisse viel zu stark. Es wird auch bei uns viel zu viel intellektuell gelernt. Die heutigen Kinder wollen und brauchen in allererster Linie das Künstlerische. Und wenn sie das nicht bekommen, wenn sie sich nicht auf allen Feldern der Kunst altersentsprechend betätigen und austauschen können, wenn wir ihnen keine Räume der Kunst, keine Räume der Gestaltung anbieten, wenn die Orte der pädagogischen Begegnung keine Ateliers sind, in denen man experimentiert und mit allen nur erdenklichen Materialien Schönes gestaltet, wenn das nicht geschieht, dann pädagogisieren wir an den Bedürfnissen der Kinder vorbei, dann produzieren wir Ängste und Depressionen.

Vergessen wir also die Frage nach dem *ganz und gar Eigenen* des Kindes nicht. Das Kind ist ein außerordentlich bildsames Wesen, aber es ist auch und vor allem ein plastisch-bildnerischer Ur-Trieb, oder besser gesagt: eine plastisch-bildnerische Zentralmotivation sui generis im Kinde vorhanden, und *diese zu* bestätigen, zu ermutigen, muss unsere vornehmste Aufgabe sein.

Der fünfjährige Robert spielt nie mit. Er will immer nur reden, reden, reden, und vor allem will er fragen. Er will in der Gegend herumrennen, aber nicht mit einem bestimmten Ziel. Er macht gern Sachen kaputt. Er hat abends Angst, Angst vor dem Einschlafen. Da gerät er zuweilen in Panikzustände. Er will die Wohnung nicht verlassen. Nicht einmal das Fenster darf manchmal geöffnet werden. Er sagt: «Alles ist zu laut! Da draußen sind böse Menschen.» Wenn man mit ihm malen will und ihn fragt: «Möchtest du ein Haus malen oder eine Blume?», dann antwortet er stereotyp: «Ich kann nicht, mach du!» Am liebsten schaut er zu, was andere tun. Vor allem dann, wenn die anderen tun, was er sagt. Er ist am liebsten Zuschauer und Kommandeur. Aufmerksam, interessiert, aber auch stets voller Sorge, er könnte in das Geschehen hineingezogen werden. Immer an Mamas Rockzipfel. Nur ganz selten, wenn er einmal mit Mama allein ist, ein Ansatz von Nachahmung, von freudigem «Mitmachen». Jenes «Ich auch!», von dem ich vorhin sprach, jene interaktive Spontaneität kommt kaum zum Vorschein. Wenn man ihn erlebt, wie er sich bewegt, wie er umgeht mit den Dingen, oder besser gesagt: *nicht* umgeht mit den Dingen, dann bemerkt man: Er kennt seinen Körper nicht! Er lebt nicht in seinen Händen, die baumeln da mehr oder weniger nutzlos herum. Mit denen kann er nichts anfangen. Er schleppt einen Körper mit sich herum, der ihm irgendwie fremd ist. Er stößt dauernd überall an. Er lässt ständig Sachen fallen. Wenn er getrunken hat, setzt er das Glas so hart auf, dass ihm die Flüssigkeit ins Gesicht schwappt. Alles zerbricht ihm zwischen den Fingern. Und die Leute schimpfen ihn aus: «Du hast wieder etwas kaputt gemacht!» Er ist verstört, weil er eigentlich nichts kaputt machen *wollte*. Mit der Zeit führte das dazu, dass er oft auch störrisch wird und wirklich Sachen kaputtmacht. Ein Fünfjähriger kann schon so reagieren, dass er in die Stimmung kommt: Wenn alle sowieso dauernd schimpfen, dann kann ich ja auch mit Absicht Blödsinn machen! – Wenn mich alle für böse halten, dann bin ich eben böse! So kommt ein gewisser Mutwille allmählich in die Ungeschicklichkeit hinein. Eine Anwandlung von Destruktivität. Was ist denn mit diesem Buben nur los?

Ich habe jetzt nur geschildert, was einem ohne weiteres auffällt. Die Eltern kommen zu mir. Sie machen sich Sorgen. Ich spiele zwei, drei Stunden mit Robert, nachdem ich den Eltern viele Fragen gestellt habe. Nach den Spielstunden setzen wir uns wieder zusammen. Ich soll eine Diagnose stellen. Stattdessen eröffne ich das Gespräch mit der Frage: «Was ist Ihrer Meinung nach das Besondere an diesem Kind ... Ich meine: das Besondere in positiver Hinsicht? Was bewundern Sie an Ihrem Kind?» Betroffenes Schweigen. Die Mutter sagt: «Ja doch, die Hilflosigkeit, die rührt mich.» Ich antworte: «Meine Anfrage bezieht sich auf Roberts besondere Fähigkeiten.» «Oh! Fähigkeiten! Da fällt mir jetzt nichts ein.» Er ist ein hübscher Junge. Und nach einigem Beraten und Suchen fällt der Mutter doch noch etwas Positives ein: «Er kann unglaublich zuhören. Er hat es sehr gern, wenn feierliche, stimmungsvolle Stunden gestaltet werden. Er träumt gern. Er liebt Musik. Märchen. Ja, das gefällt ihm. Danach verlangt er immer. Fast schon tyrannisch», sagt die Mutter. «Also, wenn ich etwas von ihm will, sagt er: Krieg ich dann auch eine Geschichte? Damit erpresst er mich regelrecht.»

Ein Kind also, das ganz traumverloren in der Welt steht, in der Welt herumirrt. Es kann sich nicht tätig einfügen, nichts gelingt ihm so recht. Die nötigen Entwicklungsschritte vollzieht es so ungefähr, aber kraftlos, interesselos. Andererseits ist seine Fähigkeit zur träumenden Hingabe an Bildwelten, Märchenwelten, schöne Klänge und so weiter stark ausgeprägt. An den Eltern gibt es nichts auszusetzen. Keine groben Erziehungsfehler. Eine liebevolle Mutter, ein liebevoller Vater. Die Ehe ist nicht gerade ein Hort der Glückseligkeit, sie streiten zuweilen, aber sie vertragen sich auch wieder. Die beiden halten zusammen. Und sie nehmen ihre Elternverantwortung sehr ernst. Robert ist Einzelkind. Er wirkte von Anfang an – wie die Mutter sagt – hilflos, so eigenartig schutzbedürftig. Mutter und Vater reagierten darauf durchaus angemessen: mit einer intensiv beschützenden Haltung. Wer hätte nicht so reagiert? Dieser beschützende Gestus bestimmte sehr stark den Umgang mit dem Kind. Zu stark, denke ich. Aber das ist keine Kritik! Besonders schutzbedürftige Kinder lösen natürlich einen besonders intensiven beschützenden Reflex bei den Eltern aus. Zum Glück ist das so! Aber es liegt natürlich auch eine Gefahr darin. Es kann zu weit gehen. Dem Kind wird alles abgenommen. Es wird gepflegt und umsorgt, als sei es krank.

Ist Robert ein entwicklungsgestörtes Kind? Nun, bleiben wir bei den Phänomenen. Nach näherem Kennenlernen gewinne ich ein deutlicheres Bild. Ich kann jetzt im Einzelnen nicht die Beobachtungen schildern, sondern nur die Beobachtungsresultate. Man sieht bald, dass Robert in Bezug auf seine Eigenkörperwahrnehmung ungenügend gesichert ist. Jedes Kind muss sich ja während der ersten Lebensjahre erst einmal in seinen Leib einwohnen, wenn ich so sagen darf, muss ein deutliches Gefühl für die eigene Ausdehnung, Größe und Begrenztheit entwickeln, ein sicheres Raum-Lage-Empfinden, eine zuverlässige instinktive Eigengestaltwahrnehmung. Anderenfalls bleibt das Kind in gewisser Weise sich selbst fremd, vor allem aber: realitätsfremd. Es ist immer tendenziell träumend entrückt, wenn die Eigengestaltwahrnehmung unscharf bleibt. Diese bildet sich auf einer ersten Stufe durch die vielfältigen Formen des Körperkontaktes mit der Mutter. Aber das genügt nicht. Auf weiteren Stufen bildet sich die Eigengestaltwahrnehmung auf natürlichem Wege dadurch, dass das Kind tastend die Welt erkundet, durch optische Erfahrungen, Körpererfahrungen an der Materie, im Kontakt mit den Elementen, nicht zu vergessen Bewegungserfahrungen. Diesbezüglich ist Robert sozusagen unterversorgt. – Es stellt sich heraus, dass auch sein Temperaturempfinden unzuverlässig ist. Die Füße sind eiskalt, und er merkt es nicht. Überhaupt hat er oft kalte Füße und Hände, aber es scheint ihn nicht weiter zu stören. Scheint! Denn natürlich stört es ihn unterschwellig doch! Es stört das allgemeine Lebensgefühl.

Ich erwähnte schon, dass er mit seinen Händen nichts anzufangen weiß. Sie hängen an ihm dran wie zur Dekoration. Er vertraut ihnen nicht. Er vernachlässigt sie. Damit wir uns nicht falsch verstehen: Das *Werkzeug* ist intakt. Er will sich aber nicht darauf einlassen. Das spricht eine eindrucksvolle symbolische Sprache. Wenn ein Kind kein Zutrauen zu seinen Händen hat, dann lebt es in dem Grundgefühl: «Was ich anfange, wird sowieso misslingen ...» Man nennt dieses Phänomen manchmal «Ineffektivitätskonzept». Robert muss Zutrauen zu sei-

*«Mein Leib gehorcht dem inneren Tänzer.
Er folgt meinem Willen. Er ist geschmeidig,
leicht. Ich kann ja fast fliegen – immerhin
springen, tanzen, hüpfen ...»*

nen Händen gewinnen! Er muss sensibilisiert werden für die Feinwahrnehmung im Wärmebereich, Tastbereich, er braucht Nachreifungshilfen in Hinsicht auf die Eigengestaltwahrnehmung. Und schließlich ist an seinem Gang, an seiner Haltung, an seiner Gestik abzulesen: Er muss die *Leichtigkeit* entdecken, den «inneren Tänzer»; er kennt noch nicht jene Ur-Erfahrung von Freiheit und Freude, die sich einstellt, wenn in vollen Zügen das Erlebnis ausgekostet werden kann: Mein Leib gehorcht dem inneren Tänzer. Er folgt meinem Willen. Er ist geschmeidig, leicht. Ich kann ja *fast* fliegen – immerhin springen, tanzen, hüpfen ... Robert springt, tanzt, hüpft eigentlich nie. Jedenfalls nicht frei. Er schleicht entweder ein wenig gebückt herum oder gerät in eine krampfhafte Bewegungsunruhe, letzteres vor allem, wenn er müde ist.

Wir sprechen bei einem solchen Wesensbild von einer unzureichenden *basalen Grundsicherheit* bzw. Unsicherheit der basalen selbstwahrnehmenden Kompetenzen. Der Junge ist nicht «gestört»! Er ist sogar sehr begabt! Da schlummert hinter der ganzen Unsicherheit ein Poet, ein verzauberter König der Phantasie, eine schöne, zarte Seele. Etwas Samtenes hat er um sich. Wenn dieser etwas «überirdische» Junge richtig ankommt auf dieser Erde, dann wird man noch über ihn staunen! Aber wie helfen wir ihm dabei? Werfen wir einen kurzen Blick in die Spieltherapie: Wie beiläufig muss er hineingenommen werden in ein Spielgeschehen, in dem es *keine Aufforderungen* gibt. Gegen Aufforderungen ist der Fünfjährige schon so allergisch, dass alles, was auch nur danach riecht, seine Angst verstärkt. Er muss hereingelockt werden in ein Spielgeschehen, in dem es kein «Du sollst!» gibt, sondern Rollen, in die er diskret hineinschlüpfen kann, Rollen von Personen, die bestimmte Kompetenzen verkörpern. Er sagt ja immer: «Ich kann nicht!» Also gut. Ich spiele den Bäckermeister. Robert kauft bei mir ein. Auf einmal ist alles ausverkauft. Ich diskutiere mit den unsichtbaren Kunden. Sie beschweren sich. Robert mit seiner großartigen Phantasie «rutscht» sofort in die Szene hinein. Mit dieser seiner Fähigkeit kann man arbeiten! Die Kunden verlangen Brötchen und Gebäck. Aber es ist alles ausverkauft. Und das Spiel entwickelt sich aus dem Stehgreif: Eines meiner Kinder liegt krank zu Hause im Bett. Ich kann nicht backen, ich muss zu meinem Kind. Was soll ich denn bloß machen? Zuhause das kranke Kind, hier die empörten Kunden. Wenn ich nichts verkaufen kann, dann bekomme ich kein Geld und kann meinem Kind keine Medizin kaufen! Eine echte Zwickmühle. Das Spiel spinnt sich weiter. Ich sag zu ihm (er heißt im Spiel Herr Öchsle): «Schade, dass Sie nicht backen können, Herr Öchsle.» – «Ja.» – Pause. Da fällt mir ein: «Ich habe aber einen Freund, der kann backen. Er wohnt ganz in der Nähe!» Das Spiel spinnt sich weiter. «Würden Sie meinen Freund fragen, ob er vielleicht für mich backen könnte? Ich muss doch zu meinem kranken Kind nach Hause!» Und jetzt der entscheidende Moment, das Flüstern: «Du wärst jetzt der Freund, ja?» Robert ist einverstanden. Er zögert keinen Augenblick. Etwas langsam und umständlich entspinnt sich der Besuch bei meinem Freund. Wir nehmen einen Teddybär. Robert fragt leise. «Kommst du Brötchen backen?» Dann schlüpft er in die Rolle des Freundes, sitzt neben mir und formt hingebungsvoll Kuchen, Brötchen und Plätzchen aus Ton. Hätte ich ihn aufgefordert: «Komm, wir holen einen Klumpen Ton und formen etwas Schönes», wäre gar nichts passiert. Robert hätte wie immer geantwortet: «Ich kann nicht! Mach du!»

Sie sehen also: Wir haben hier ein Kind vor uns, das man hineinbegleiten muss mit aller nur erdenklichen Behutsamkeit in das Erlebnis: Ich kann mit meinen Händen etwas Sinnvolles tun. Ein Kind, das schon so blockiert ist in diesem zarten Alter, blockiert nicht zuletzt wegen des ständigen Erwartungsdrucks, dem es ausgesetzt ist von allen Seiten, dass es gar keine direkte Aufforderung mehr erträgt. Ein Kind, dem man einerseits verständlicherweise alles abgenommen, alles zu leicht gemacht hat und von dem man nun andererseits erwartet, dass es endlich einmal aufhören möge, sich zu verstecken. Da muss man zunächst einmal spielerisch die Wege ebnen auf die beschriebene Art. Wir müssen nicht fragen, ob das Kind «gestört» ist. Selbstverständlich ist dieses Kind nicht «gestört». Geräte haben Funktionsstörungen, nicht Menschen. Menschen haben Eigenarten. Und sie haben ein Schicksal. Dieses Kind will nicht richtig in die Realität hinein, und das wollte es von Anfang an nicht. Robert hat noch nicht wirklich Ja zum Leben gesagt. Und diesen Vorbehalt hat er als Wesensverfassung mit über die Schwelle gebracht. Ich könnte diese Aussage anamnestisch belegen, wenn ich jetzt die Zeit dazu hätte.

Respekt davor, dass dieses Kind nur sehr vorsichtig auf die Realität zugehen will. Dies müssen wir als die Schönheit seines Wesens erkennen und würdigen.

Die Frage, die wir uns zu stellen haben, lautet: Warum will sich dieses Kind nicht so richtig mit der Realität verbinden? Warum liebt Robert verträumte Geschichten? Warum kann er für sich allein mit Steinchen und Perlen versunken spielen, allen Dingen Seele einhauchen? Warum liebt er das Stimmungsvolle, aber nicht das Zugreifende, nicht das Bestimmte, nicht das Sollen, nicht die beherzte Tat? Das ist die Frage, die man sich stellen muss. Und man muss sie stellen mit einem tiefen Respekt davor, dass dieses Kind aus seinen Schicksalshintergründen heraus länger als andere Kinder sich einer ganz bestimmten Entwicklungsdynamik vorenthalten will, die man im weitesten Sinn als «Irdischwerden» bezeichnen kann. Wenn wir dies nicht respektieren, sondern das Kind durch allerlei therapeutische Tricks, «Interventionen» oder Verhaltenskonditionierungen in die Realität hereinzerren, dann tun wir dem Kinde nichts Gutes. Wir werden es vielleicht, weil es ein sehr gutwilliges, zartes Kind ist, mit Erfolg beeinflussen können durch unsere «Maßnahmen». Es wird sich fügen. Aber diese Art, ein Kind gefügig zu machen, ist keine wirkliche Lebenshilfe. Es ist eine Respektlosigkeit. Die therapeutische Grundhaltung muss zunächst sein:

Respekt davor, dass dieses Kind nur sehr vorsichtig auf die Realität zugehen will. Dies müssen wir als die Schönheit seines Wesens erkennen und würdigen. Es möchte in Himmelsnähe bleiben! Wer weiß, welcher tiefere Sinn dahintersteckt! Wir haben es nicht mit einer «Störung», sondern mit einer Begabung zu tun; und dass diese Begabung «unnormal» ist, berechtigt uns noch lange nicht,

Jedes Kind hat das Recht auf seinen *Weg.*
Wir sind «nur» die hilfreichen Begleiter.

sie dem Kind streitig zu machen und mutwillig den Schleier zu zerreißen! Und doch muss Robert für das Leben ermutigt werden! Aber nicht mit dem Holzhammer, wie das heute leider Gottes oft geschieht, sondern so, dass wir ihn buchstäblich für das Leben «erwärmen».

Wie würde ein therapeutisch-pädagogisch «erwärmendes» Vorgehen im Falle unseres kleinen verzauberten Königs von «Phantasien» aussehen? Es geht darum, ihn dadurch, dass wir uns mit seinen ausgesprochenen Stärken verbünden, über phantasiereiche Rollenspiele zwanglos hineinzuführen in bestimmte übende Prozesse mit besonderem Augenmerk auf: die Eigengestalt und Eigenbewegungswahrnehmung als fundamentale Autonomie- und Freiheitserfahrung; die Erweiterung der *Handlungskompetenz,* des Zutrauens in die eigenen Hände über plastisch-bildnerische Spielangebote. Bei alledem ist sehr wichtig das dialogische Geschehen, die Beziehungsebene. Später soll Robert in eine kleine Gruppe integriert werden, in der die Kinder Zirkus spielen und einfache «Kunststücke» aufführen. Die Eltern erhalten viele Anregungen für den Alltag, wobei es sich teils um körperliche Anwendungen (z.B. Fußbäder, Fußmassage mit anschließendem «Fußtast-Ratespiel») handelt, teils darum, den Jungen in praktische Tätigkeiten einzubeziehen (z.B. Brotbacken), teils um «homöopathisch» dosierte Mutproben. Ich muss es bei diesen allgemeinen Andeutungen belassen Es sollte ja auch nur die Richtung angedeutet werden. Entscheidend ist, dass wir uns in einem Punkt richtig verstehen: Das Unwesen der «Kinderreparaturanstalten» muss ein Ende haben! Ebenso das

Unwesen der normativen Pädagogik, die alle Kinder in ein bestimmtes, höchst fragwürdiges Entwicklungsschema pressen will. Therapie heißt übersetzt: helfende Begleitung. Wenn man das wörtlich nimmt, ist auch Pädagogik immer Therapie. Jedes Kind hat das Recht auf *seinen* Weg. Wir sind «nur» die hilfreichen Begleiter. Maßen wir uns nicht an, mehr zu sein. Was heißt «mehr»! Gibt es eine großartigere Aufgabe, als einem Kind dabei behilflich zu sein, sein *ganz und gar Eigenes* zu enthüllen und in die Welt hereinzutragen?

Henning Köhler

Vom Ursprung der Sehnsucht

Die Heilkraft von Kreativität und Zärtlichkeit.
162 Seiten, gebunden

Henning Köhler fragt nach der ursprünglich in der Jugendzeit erwachenden Wärmequelle des Eros, nach der Kraft im Menschen, die Kreativität und Zärtlichkeit miteinander verbindet. – Ein Manifest der Liebe.

Verlag Freies Geistesleben

Henning Köhler
Vom Rätsel der Angst
falter im Verlag Freies Geistesleben

Henning Köhler

«Schwierige» Kinder gibt es nicht

Plädoyer für eine Umwandlung
des pädagogischen Denkens.
176 Seiten, kartoniert

«Sehr oft stehen wir vor dem Problem, dass Eltern sich ihrer privilegierten Rolle als unersetzliche Vertrauenspersonen des Kindes und Eingeweihte in dessen tiefere Wesensschichten gar nicht bewusst sind. Sie lassen die Möglichkeiten, die sich daraus ergeben, dann brach liegen. Die vom Kinde als engste Schicksalsgefährten Auserwählten verkennen ihren Auserwähltenstatus.»

Henning Köhler

Henning Köhler

Der Geschichtenkönig
und das Sternenkind

Ein Märchen.

Mit Illustrationen von Dorothee Scheck

124 Seiten, gebunden

«Vor langer Zeit lebte einmal ein König, dem es keinen Spaß mehr machte, König zu sein. Es war ihm langweilig, immerfort auf seinem Thron zu sitzen, Befehle zu erteilen, sich von seinen Dienern bedienen zu lassen, duftende Bäder zu nehmen, köstliche Speisen zu verzehren, auf glanzvollen Festen mit vornehmen Damen zu tanzen und das Gold in seiner Schatzkammer zu wiegen ...»

Verlag Freies Geistesleben

1. Auflage 2000
Verlag Freies Geistesleben
Landhausstraße 82, 70190 Stuttgart
Internet: www.geistesleben.com

ISBN 3-7725-1893-1

Umschlagfoto: Eckehard Jonalik
Druck: Clausen & Bosse, Leck